Impressum
Verlag: BABADADA GmbH, Nedderfeld 112 , 22529 Hamburg
Geschäftsführer / Verlagsleitung: Harald Hof
Druck: Books on Demand GmbH, In de Tarpen 42, 22848 Norderstedt

Imprint
Publisher: BABADADA GmbH, Nedderfeld 112 , 22529 Hamburg, Germany
Managing Director / Publishing direction: Harald Hof
Print: Books on Demand GmbH, In de Tarpen 42, 22848 Norderstedt

學校

School

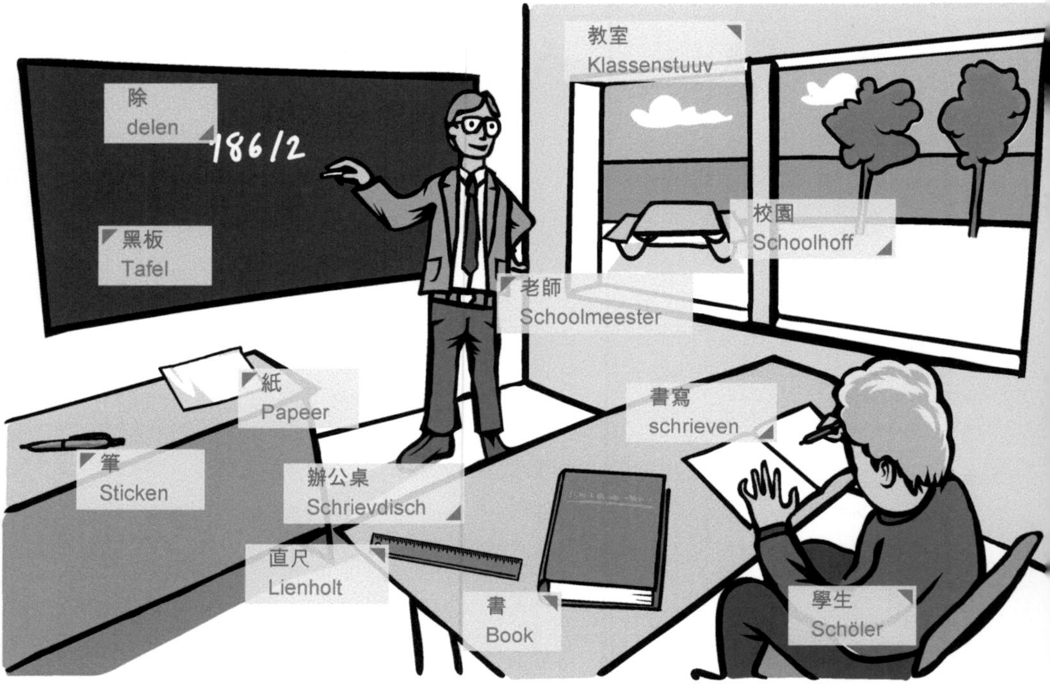
教室
Klassenstuuv
除
delen
186/2
黑板
Tafel
老師
Schoolmeester
校園
Schoolhoff
紙
Papeer
書寫
schrieven
筆
Sticken
辦公桌
Schrievdisch
直尺
Lienholt
書
Book
學生
Schöler

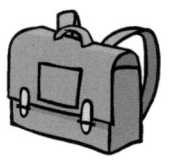

書包

Ranzel

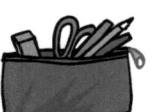

鉛筆盒

Feddermapp

鉛筆

Bleesticken

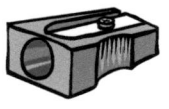

削鉛筆機

Scharpmaker

橡皮擦

Radeergummi

畫板

Tekenblock

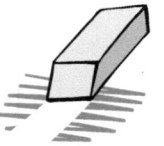

圖畫
Teken

畫筆
Pinsel

顏料盒
Malkassen

剪刀
Scheer

膠水
Klever

練習冊
Heft to'n Öven

家庭作業
Huusopgaav

12

數字
Tall

2+2

加
tohooptellen

5-2

減
aftrecken

2×2

乘
malnehmen

計算
reken

A

字母
Bookstaav

ABCDEFG
HIJKLMN
OPQRSTU
VWXYZ

字母表
ABC

hello

字
Woort

學校 - School

課文
Text

讀
lesen

粉筆
Kried

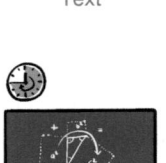

上課
Stunn

登記
Klassenbook

考試
Pröven

證書
Tüügnis

校服
Schooluniform

教育
Utbillen

百科全書
Nakieksel

大學
Universität

顯微鏡
Mikroskop

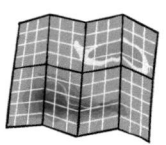

地圖
Koort

廢紙簍
Papeerkorf

旅行

Törn

飯店
Hotel
Grand
青年旅社
Harbarg
ROOMS
外幣兌換處
Wesselstuuv
EXCHANGE
手提箱
Kuffer
汽車
Auto

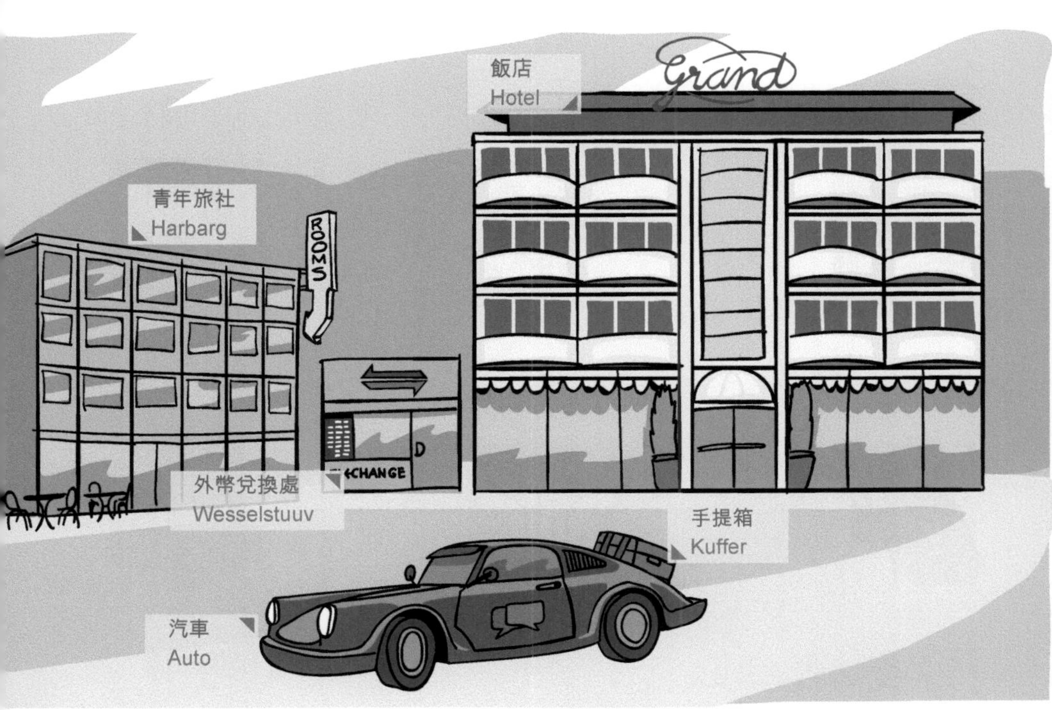

語言

Spraak

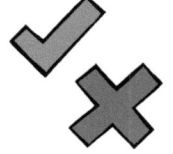

是/否

jo / ne

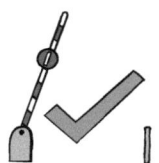

好的

Jo

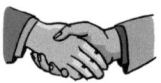

您好

Moin

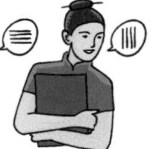

翻譯人員

Översetter

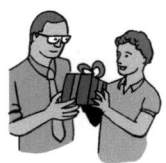

謝謝

Dank ok

……多少錢？

Wat kost…?

我不明白

Ik verstah nich

問題

Problem

晚上好！

Goden Avend

早上好！

Moin!

晚安！

Gode Nacht!

再見

Tschüüs

方向

Richt

行李

Bagaasch

包

Tasch

背包

Rüchsack

客人

Gast

房間

Stuuv

睡袋

Slaapsack

帳篷

Telt

旅行資訊
Touristeninformatschoon

海灘
Strand

信用卡
Kreditkoort

早餐
Fröhstück

午餐
Meddageten

晚餐
Avendeten

票
Fohrkort

電梯
Fohrstohl

郵票
Breefmark

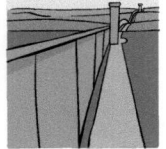

邊界
Grenz

海關
Toll

大使館
Bottschop

簽證
Visum

護照
Pass

交通運送

Transport

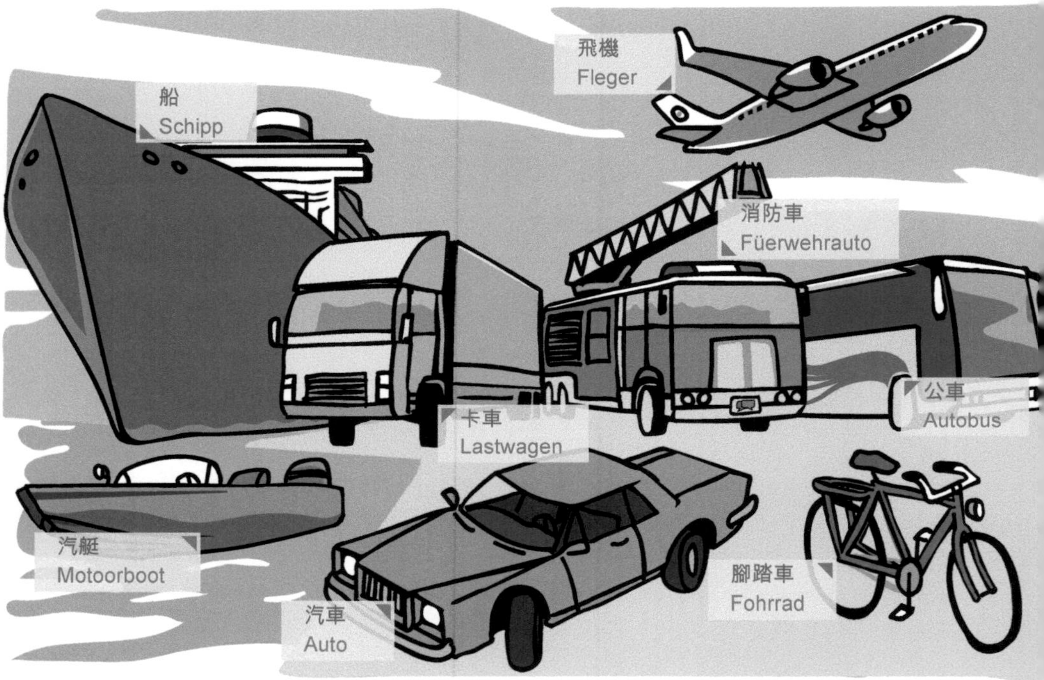

飛機
Fleger
船
Schipp
消防車
Füerwehrauto
公車
Autobus
卡車
Lastwagen
汽艇
Motoorboot
腳踏車
Fohrrad
汽車
Auto

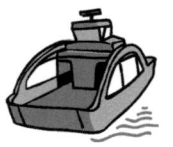

渡輪

Fähr

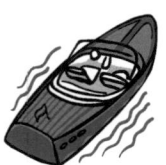

小船

Boot

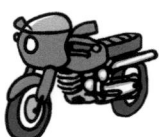

機車

Motoorrad

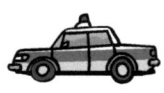

警車

Polizeiauto

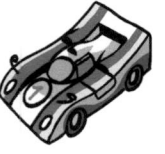

賽車

Rönnauto

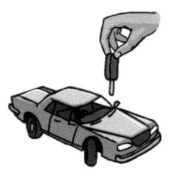

租車

Lehnwagen

拼車
Carsharing

拖車
Afsleepwagen

垃圾車
Müllauto

馬達
Motoor

汽油
Kraftstoff

加油站
Tanksteed

交通標識
Verkehrsschild

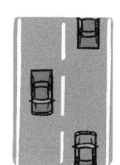

交通
Verkehr

交通堵塞
Stau

停車場
Afstellplatz

火車站
Bahnhoff

軌道
Sporen

火車
Tog

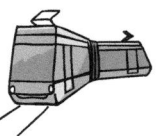

路面電車
Stratenbahn

客車廂
Wagon

直升機
Dwarsmöhl

機場
Flooghaven

塔
Tower

乘客
Fohrgast

集裝箱
Grootkist

紙板箱
Karton

手推車
Koor

籃子
Korf

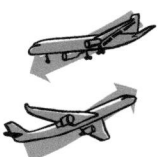

起飛/降落
starten / lannen

城市
Stadt

村莊
Dörp

市中心
Binnenstadt

房子
Huus

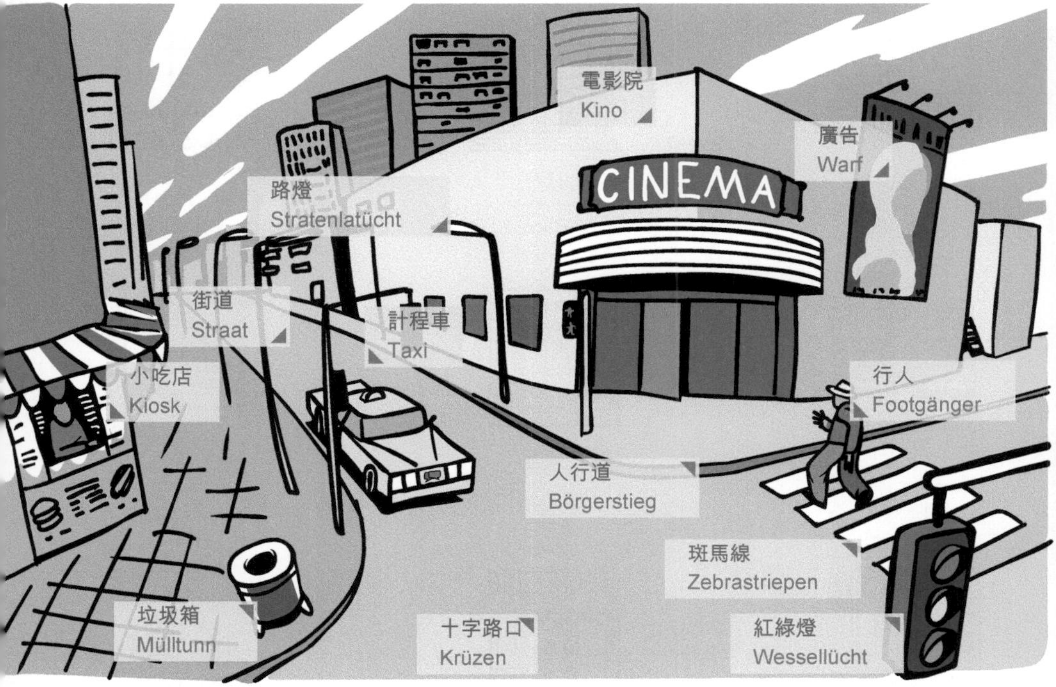

電影院
Kino

廣告
Warf

路燈
Stratenlatücht

CINEMA

街道
Straat

計程車
Taxi

小吃店
Kiosk

行人
Footgänger

人行道
Börgerstieg

斑馬線
Zebrastriepen

垃圾箱
Mülltunn

十字路口
Krüzen

紅綠燈
Wessellücht

小屋

Hütt

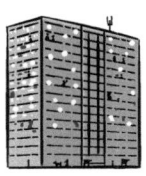

公寓

Wahnung

火車站

Bahnhoff

市政廳

Raathuus

博物館

Museum

學校

School

大學

Universität

銀行

Bank

醫院

Krankenhuus

飯店

Hotel

藥房

Afteek

辦公室

Büro

書店

Bookhökerie

商店

Hökerie

花店

Blomenhökerie

超市

Supermarkt

市場

Markt

百貨商店

Koophuus

魚店

Fischhökerie

購物中心

Inkoopszentrum

海港

Haven

公園
Parkanlaag

長凳
Bank

橋
Brüch

樓梯
Trepp

捷運
Ünnergrundbahn

隧道
Tunnel

公車站
Busstoppsteed

酒吧
Bar

餐館
Spieslokal

郵筒
Breefkassen

路標
Stratenschild

停車計時器
Parkklock

動物園
Deertenpark

游泳池
Baadanstalt

清真寺
Moschee

農場
Buernhoff

污染
Ümweltversmudden

墓地
Karkhoff

教堂
Kark

操場
Speelplatz

寺廟
Tempel

地形
Landschop

樹葉
Blatt

指示牌
Wiespahl

路
Weg

草地
Wisch

石頭
Steen

徒步旅行者
Wannerer

樹
Boom

河
Fluss

草
Gras

花
Bloom

峽谷
Daal

丘陵
Barg

湖
See

森林
Holt

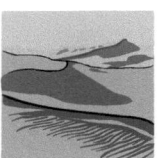

沙漠
Wööst

火山
Füerspien Barg

城堡
Slott

彩虹
Regenbagen

蘑菇
Poggenstohl

棕櫚樹
Palm

蚊子
Steekmück

蒼蠅
Fleeg

螞蟻
Miegeemk

蜜蜂
Imm

蜘蛛
Spinn

甲蟲

Sebber

青蛙

Pogg

松鼠

Katteker

刺蝟

Swienegel

野兔

Haas

貓頭鷹

Uul

鳥

Vagel

天鵝

Swaan

野豬

Wildswien

鹿

Hirsch

麋鹿

Elk

水壩

Staudamm

風力發電機

Windrad

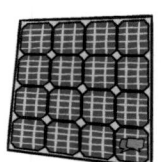

太陽能電池板

Solarmodul

氣候

Klima

服務生
Kellner

菜譜
Spieskoort

椅子
Stohl

湯
Supp

披薩餅
Pizza

餐具
Bestick

桌布
Dischdeek

前菜

Vörspies

主菜

Haupteten

甜點

Nadisch

飲料

Drünk

食物

Eten

瓶子

Buddel

速食

Fastfood

街邊小吃

Strateneten

茶壺

Teekann

糖盒

Zuckerdoos

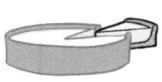

一份飯菜

Portschoon

義式咖啡機

Espressomaschien

高腳椅

Hoochstohl

帳單

Reken

托盤

Tablett

刀

Mess

餐叉

Gavel

勺子

Lepel

茶匙

Teelepel

餐巾

Munddook

玻璃杯

Glas

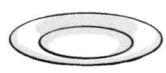

碟子
Töller

湯盤
Suppentöller

碟子
Ünnertass

醬
Sooß

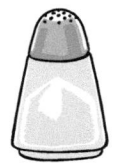

鹽瓶
Soltstreuer

胡椒研磨罐
Pepermöhl

醋
Etig

食用油
Ööl

調味料
Krüder

番茄醬
Ketchup

芥末
Mostrich

美乃滋
Mayonnaise

超市
Supermarkt

特價
Anbott
FOR
顧客
Kunn
乳製品
Melkprodukten
水果
Aaft
購物車
Inkoopswagen

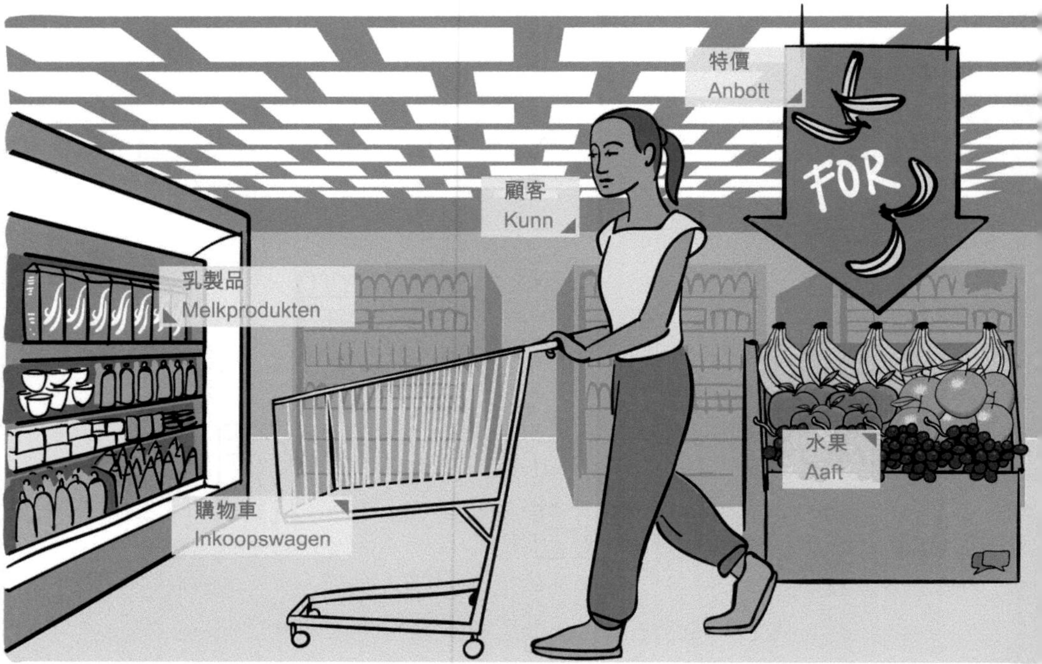

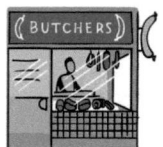

BUTCHERS
肉鋪
Slachterie

BAKERY
麵包店
Bäckerie

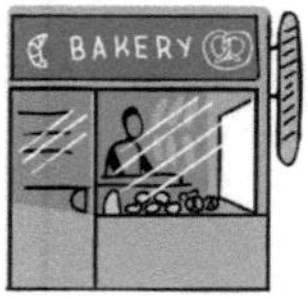

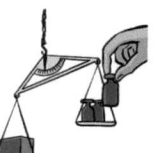

稱重
wegen

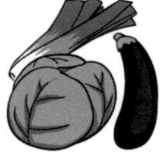

蔬菜
Gröönsaken

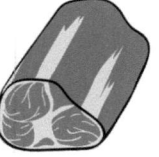

肉
Fleesch

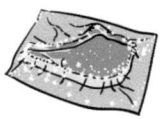

冷凍食品
Deepköhlkost

冷盤
Opsnitt

罐頭食品
Konserven

洗衣粉
Waschmiddel

甜食
Snoopkraam

日用品
Huushooltssaken

清潔用品
Reinmaaktüüch

銷售員
Verköpersche

收銀機
Kass

收銀員
Kasserer

購物清單
Inkoopslist

開放時間
Opsparrtieden

錢包
Breeftasch

信用卡
Kreditkoort

袋子
Tasch

塑膠袋
Plastiktüüt

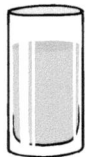

水

Water

果汁

Saft

牛奶

Melk

可樂

Cola

紅酒

Wien

啤酒

Beer

酒

Spriet

可可

Kakao

茶

Tee

咖啡

Koffie

義式濃縮咖啡

Espresso

卡布奇諾

Cappucino

香蕉

Banaan

蘋果

Appel

柳丁

Appelsien

西瓜

Meloon

檸檬

Zitroon

胡蘿蔔

Wöttel

大蒜

Knuuvlook

竹子

Bambus

洋蔥

Zibbel

蘑菇

Poggenstohl

堅果

Nööt

麵條

Nudeln

義大利麵
Spaghetti

米飯
Ries

沙拉
Salat

薯條
Pommes frites

炸馬鈴薯
Braadkantüffeln

披薩餅
Pizza

漢堡
Hamborger

三明治
Sandwich

炸豬排
Snitzel

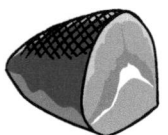

火腿
Schinken

義大利臘腸
Salami

香腸
Wust

雞肉
Hohn

烤肉
Braden

魚
Fisch

燕麥片
Haverflocken

木斯里
Müsli

玉米片
Cornflakes

麵粉
Mehl

牛角麵包
Croissant

麵包捲
Rundstück

麵包
Broot

吐司
Toast

餅乾
Keksen

奶油
Botter

凝乳
Quark

蛋糕
Koken

蛋
Ei

煎蛋
Spegelei

起司
Kees

冰淇淋
Ies

糖
Zucker

蜂蜜
Honnig

果醬
Marmelaad

巧克力醬
Nougat-Creme

咖哩
Curry

農舍
Buernhuus

稻草捆
Strohballen

糧倉
Schüün

田野
Feld

馬
Peerd

拖車
Hänger

馬駒
Fahlen

拖拉機
Trecker

驢
Esel

羊
Schaap

羔羊
Lamm

山羊

Zeeg

奶牛

Koh

小牛

Kalf

豬

Swien

小豬

Farken

公牛

Bull

鵝
Goos

鴨
Aant

小雞
Küken

母雞
Hohn

公雞
Hahn

鼠
Rott

貓
Katt

老鼠
Muus

牛
Oss

狗
Hund

狗屋
Hunnenhütt

花園澆水軟管
Goornslauch

澆水壺
Geetkann

長柄大鐮刀
Lee

犁
Ploog

鐮刀
Sich

鋤頭
Hack

長柄草耙
Mestfork

斧頭
Ext

獨輪手推車
Schuufkoor

飼料槽
Trog

牛奶罐
Melkkann

麻布袋
Sack

柵欄
Tuun

馬廄
Stall

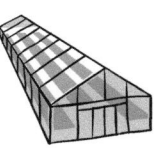

溫室
Drievhuus

土壤
Bodden

種子
Saat

肥料
Dünger

聯合收割機
Meihdöscher

收割

oornen

收割

Oorn

地瓜

Yamswöttel

小麥

Weten

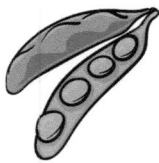

大豆

Soja

土豆

Kantüffel

玉米

Törksche Weten

油菜籽

Rapp

果樹

Aaftboom

樹薯

Troopsch Kantüffel

穀物

Koorn

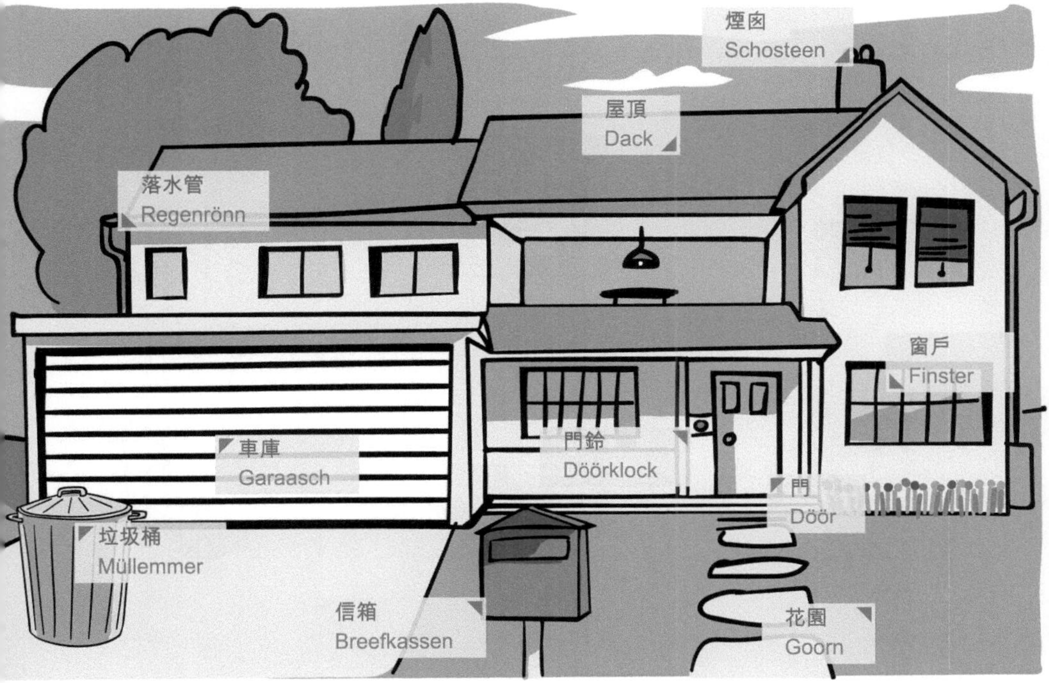

煙囪
Schosteen

屋頂
Dack

落水管
Regenrönn

窗戶
Finster

車庫
Garaasch

門鈴
Döörklock

門
Döör

垃圾桶
Müllemmer

信箱
Breefkassen

花園
Goorn

客廳
Wahnstuuv

浴室
Baadstuuv

廚房
Köök

臥室
Slaapstuuv

兒童房
Kinnerstuuv

餐廳
Eetstuuv

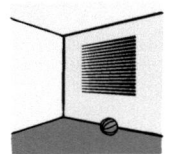

地板
Footbodden

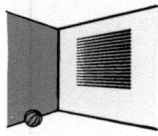

牆壁
Wand

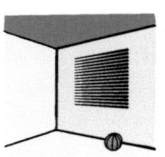

天花板
Deek

地窖
Keller

三溫暖
Hittluftbad

陽臺
Balkon

露臺
Terrass

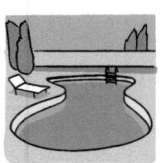

游泳池
Swümmbad

割草機
Rasenmeiher

被單
Bettbetog

床罩
Bettdeek

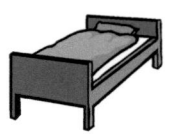

床
Puuch

掃帚
Bessen

水桶
Emmer

開關
Schalter

客廳

Wahnstuuv

壁紙
Tapeet
相片
Bild
檯燈
Lamp
擱架
Regal
櫥櫃
Schapp
電視
Kiekkassen
壁爐
Kamin
花
Bloom
墊子
Küssen
沙發
Sofa
花瓶
Vaas
遙控器
Feernbedenen

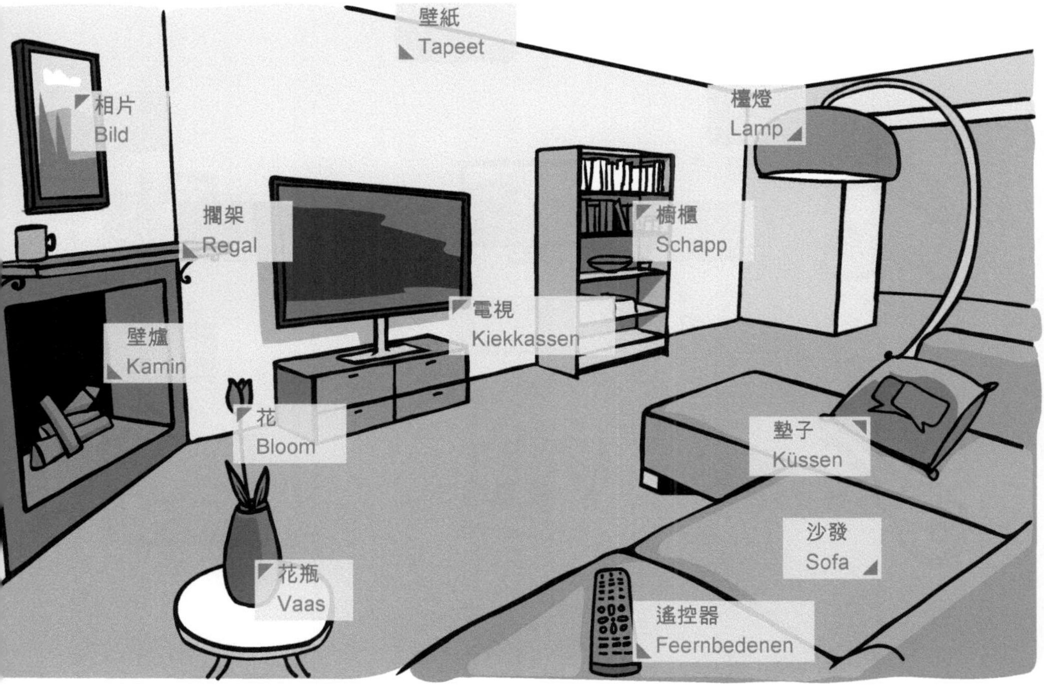

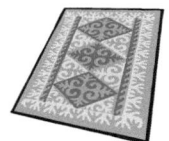

地毯

Teppich

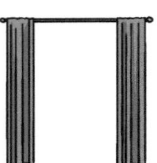

窗簾

Vörhang

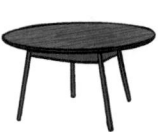

餐桌

Disch

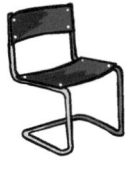

椅子

Stohl

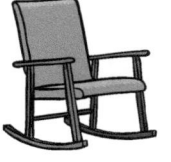

搖椅

Schuckelstohl

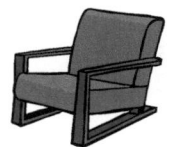

扶手椅

Sessel

書
Book

毯子
Deek

裝飾品
Dekoratschoon

木柴
Füerholt

電影
Film

高傳真音響
Stereoanlaag

鑰匙
Slötel

報紙
Narichtenblatt

油畫
Gemälde

海報
Poster

收音機
Radio

筆記本
Opschrievblock

吸塵器
Huulbessen

仙人掌
Kaktus

蠟燭
Kars

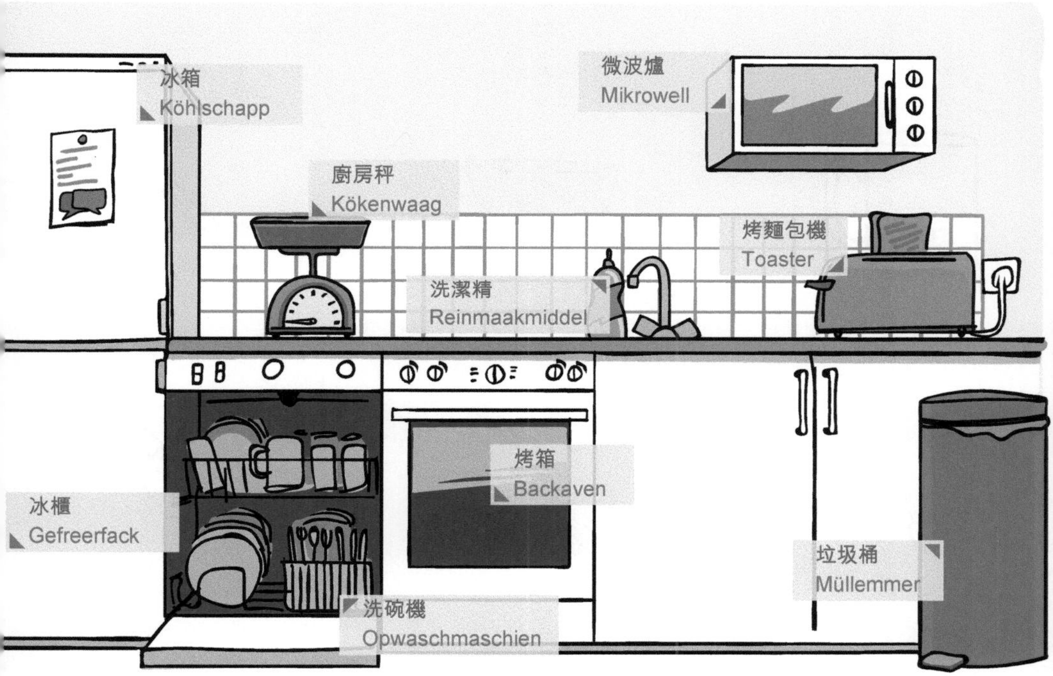

冰箱
▶ Köhlschapp

微波爐
Mikrowell

廚房秤
Kökenwaag

烤麵包機
Toaster

洗潔精
Reinmaakmiddel

烤箱
▶ Backaven

冰櫃
▶ Gefreerfack

垃圾桶
Müllemmer

洗碗機
Opwaschmaschien

炊具

Heerd

鍋

Pott

鑄鐵鍋

Gussiesern Putt

炒鍋

Wok / Kadai

平底鍋

Pann

水壺

Waterkaker

蒸鍋

Dampkaakputt

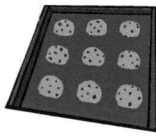

烤盤

Backblick

陶瓷鍋

Geschirr

馬克杯

Beker

碗

Schaal

筷子

Eetsticken

長柄勺

Suppenkell

鏟子

Pannenwenner

攪拌器

Sneebessen

濾網

Kaakseef

篩子

Seef

磨碎機

Riev

研缽

Mörser

燒烤

Grill

明火

Füerstell

菜板
Sniedbrett

擀麵杖
Nudelholt

開瓶器
Proppentrecker

罐子
Doos

開罐器
Dosenaapner

隔熱手套
Pottlappen

水槽
Waschbecken

刷子
Böst

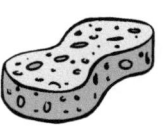

海綿
Swamm

攪拌機
Mixer

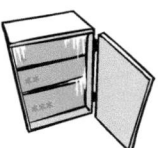

冷藏箱
Iesschapp

奶瓶
Nuckelbuddel

水龍頭
Waterhahn

浴室

Baadstuuv

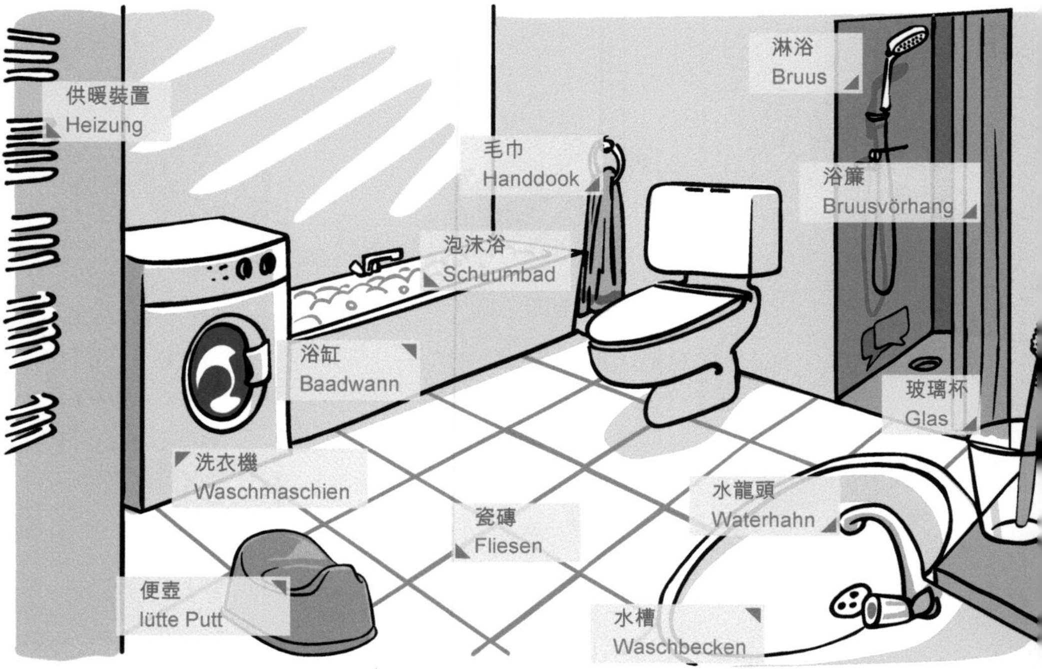

供暖裝置
Heizung
毛巾
Handdook
淋浴
Bruus
浴簾
Bruusvörhang
泡沫浴
Schuumbad
浴缸
Baadwann
玻璃杯
Glas
洗衣機
Waschmaschien
水龍頭
Waterhahn
瓷磚
Fliesen
便壺
lütte Putt
水槽
Waschbecken

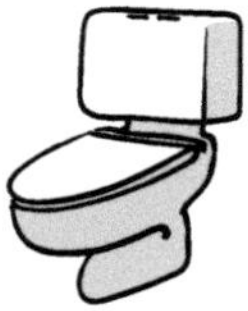

廁所

Tante Meier

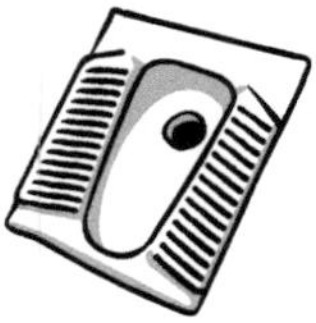

蹲便器

Hockklo

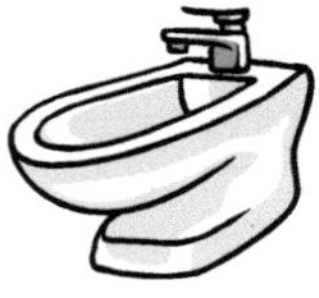

坐浴器

Bidet

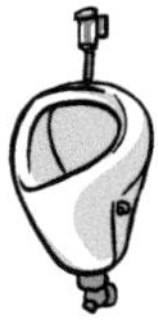

小便斗

Miegbecken

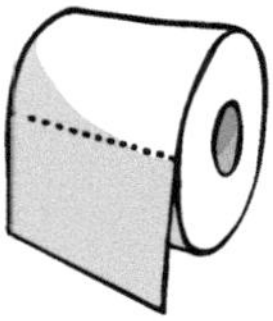

廁紙

Klopapeer

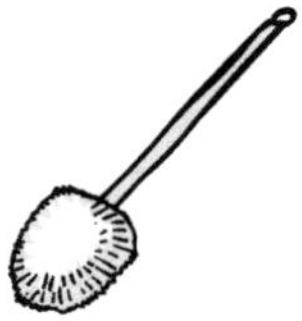

馬桶刷

Kloböst

牙刷
Tähnböst

牙膏
Tähnpast

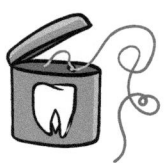

牙線
Tähnsied

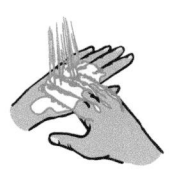

洗
waschen

手持式蓮蓬頭
Handbruus

沖洗器
Intimbruus

洗臉盆
Waschschöttel

洗背刷
Rüchböst

肥皂
Seep

沐浴露
Bruusgeel

洗髮乳
Hoorwaschmiddel

法蘭絨
Waschlappen

排水
Afloop

乳霜
Creme

除臭劑
Deodorant

鏡子
Spegel

手鏡
Kosmetikspegel

刮鬍刀
Raserer

刮鬍泡沫
Raseerschuum

鬍後水
Raseerwater

梳子
Kamm

刷子
Böst

吹風機
Hoordröger

噴髮定型劑
Hoorspray

化妝品
Smink

唇膏
Lippensticken

指甲油
Nagellack

化妝棉
Watt

指甲剪
Nagelscheer

香水
Rüükwater

洗漱包

Kulturbüdel

凳子

Schemel

計重秤

Waag

浴袍

Baadmantel

橡膠手套

Gummihanschen

衛生棉條

Tampon

衛生棉

Damenbinn

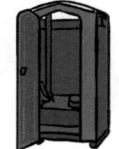

化學廁所

Chemieklo

兒童房

Kinnerstuuv

鬧鐘
Wecker
毛絨玩具
Knudeldeert
玩具車
Speeltüüchauto
撥浪鼓
Klöter
玩具屋
Poppenhuus
禮物
Geschenk

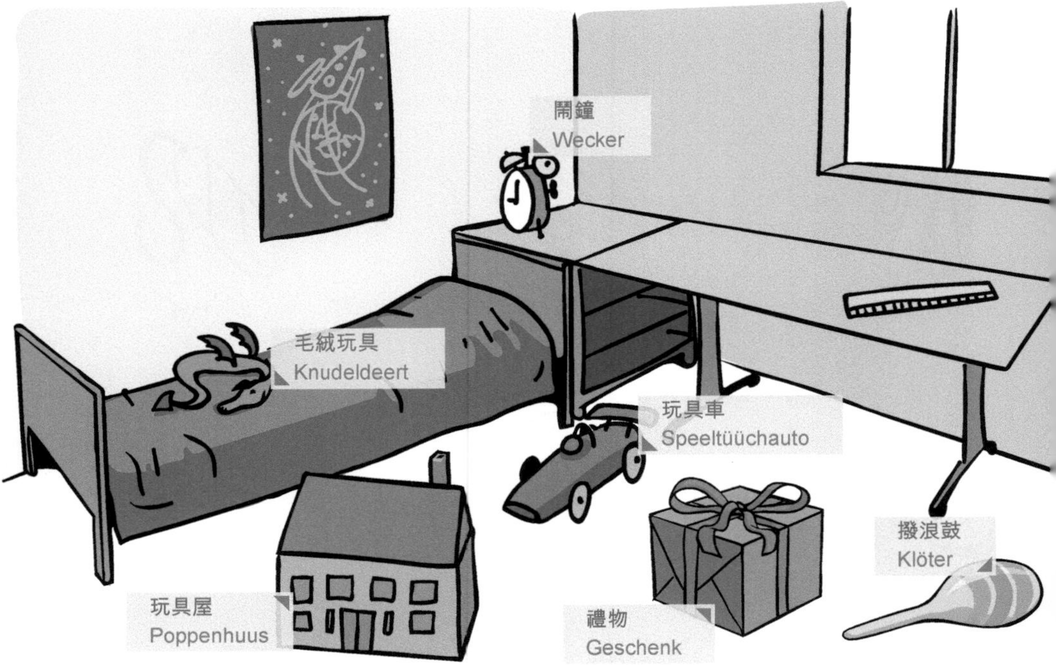

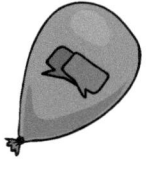

氣球

Luftballon

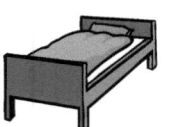

床

Puuch

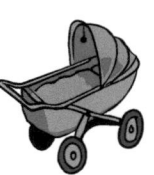

嬰兒車

Kinnerwagen

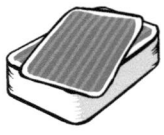

撲克牌

Koortenspeel

拼圖

Puzzle

SUPER MEGA

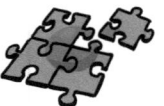

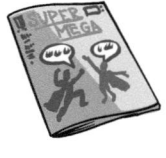

漫畫

Billergeschicht

樂高積木

Legostenen

積木玩具

Bustenen

公仔

Action-Figur

嬰兒服

Strampelantog

飛盤

Frisbeeschiev

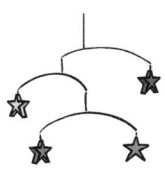

床鈴玩具

Mobile

棋盤遊戲

Brettspeel

骰子

Wörpel

火車模型

Modelliesenbahn

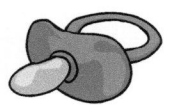

安撫奶嘴

Snuller

派對

Party

繪本

Billerbook

球

Ball

洋娃娃

Popp

玩

spelen

沙坑

Sandkassen

鞦韆

Schuckel

玩具

Speeltüüch

電玩遊戲

Speelkonsool

三輪車

Dreerad

泰迪熊

Teddyboor

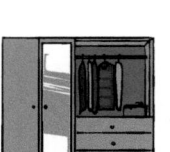

衣櫃

Klederschapp

衣服

Tüüch

襪子

Socken

長襪

Strümp

緊身褲

Strumpbüx

圍巾
Halsdook

雨傘
Paraplü

T恤
T-Shirt

皮帶
Liefreem

靴子
Stevel

拖鞋
Puuschen

運動鞋
Turnschoh

涼鞋
Sandalen

鞋
Schoh

雨靴
Gummistevel

內褲
Ünnerbüx

胸罩
Bostholler

背心
Ünnerhemd

身體
Lief

褲子
Büx

牛仔褲
Jeansnüx

短裙
Rock

女式襯衫
Bluus

襯衫
Hemd

套頭衫
Pullover

連帽上衣
Kapuzenpullover

西裝夾克
Blazer

夾克
Jack

外套
Mantel

雨衣
Övertrecker

套裝
Kostüm

連衣裙
Kleed

婚紗
Hochtietskleed

西裝

Antog

睡袍

Nachtkleed

睡衣

Slaapantog

莎麗

Sari

頭巾

Koppdook

包頭巾

Turban

波卡

Burka

卡夫坦

Kaftan

(阿拉伯式)長袍

Abaya

泳衣

Baadantog

男式泳褲

Baadbüx

短褲

Korte Büx

運動服

Antog to'n Öven

圍裙

Schört

手套

Handschoh

衣服 - Tüüch

鈕扣

Knopp

眼鏡

Brill

手鏈

Armband

項鍊

Halskeed

戒指

Ring

耳環

Ohrbummel

便帽

Mütz

衣架

Klederbögel

帽子

Hoot

領帶

Binner

拉鍊

Rietslüter

安全帽

Helm

背帶

Drachtband

校服

Schooluniform

制服

Uniform

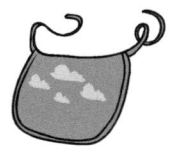

圍兜

Severböten

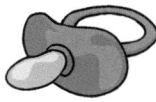

安撫奶嘴

Snuller

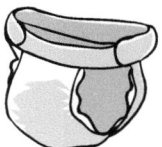

尿布

Winnel

辦公室
Büro

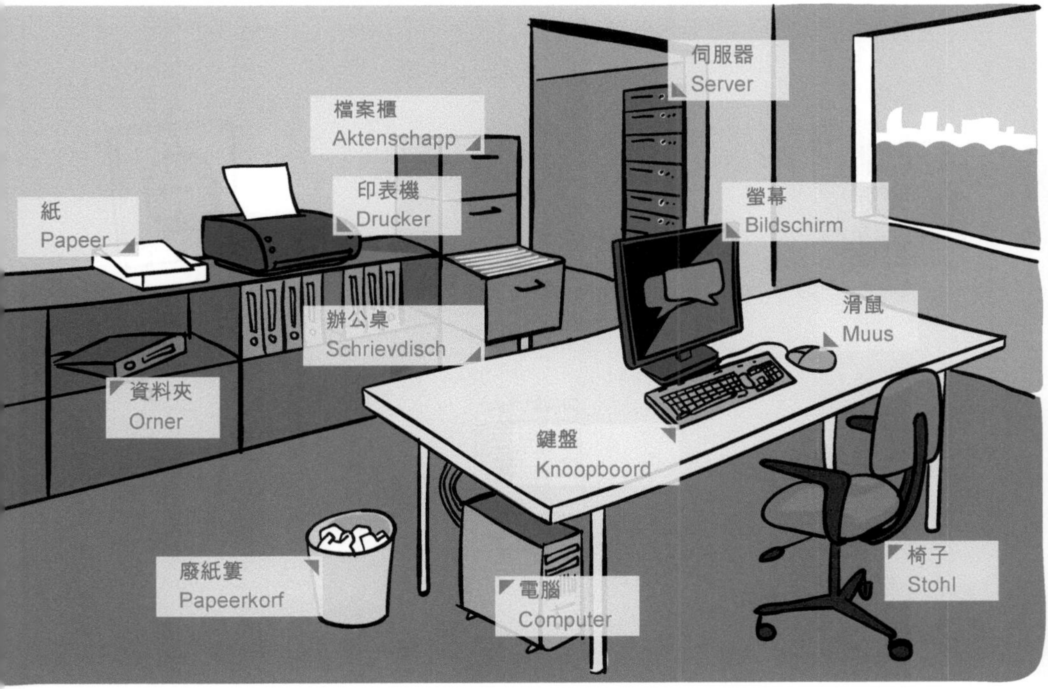
伺服器
Server
檔案櫃
Aktenschapp
紙
Papeer
印表機
Drucker
螢幕
Bildschirm
滑鼠
Muus
辦公桌
Schrievdisch
資料夾
Orner
鍵盤
Knoopboord
廢紙簍
Papeerkorf
電腦
Computer
椅子
Stohl

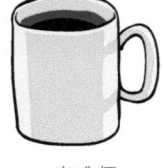

咖啡杯

Koffiebeker

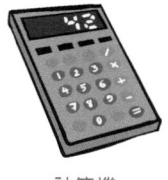

計算機

Taschenreekner

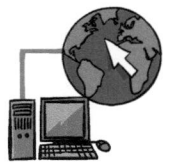

網際網路

Internet

筆記型電腦

Klappreekner

信件

Breef

簡訊

Naricht

行動電話

Ackersnacker

網路

Nettwark

影印機

Kopeerapparat

軟體

Software

電話

Klöönkassen

插座

Steekdoos

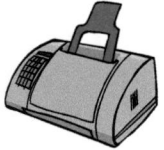

傳真機

Faxapparat

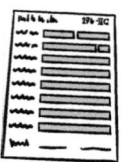

表格

Formulor

檔案

Dokument

買
köpen

付錢
betahlen

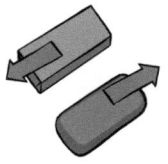

交易
hanneln

現金
Geld

美元
Dollar

歐元
Euro

日元
Yen

盧布
Ruvel

瑞士法郎
Swiezer Franken

人民幣
Renminbi Yuan

盧比
Rupie

提款處
Geldautomat

外幣兌換處

Wesselstuuv

金

Gold

銀

Sülver

石油

Ööl

能源

Energie

價格

Pries

合約

Verdrag

稅金

Stüer

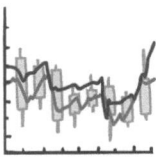

股票

Andeelschien

工作

arbeiden

職員

Anstellte

老闆

Arbeitgever

工廠

Fabrik

商店

Hökerie

職業

Profeschonen

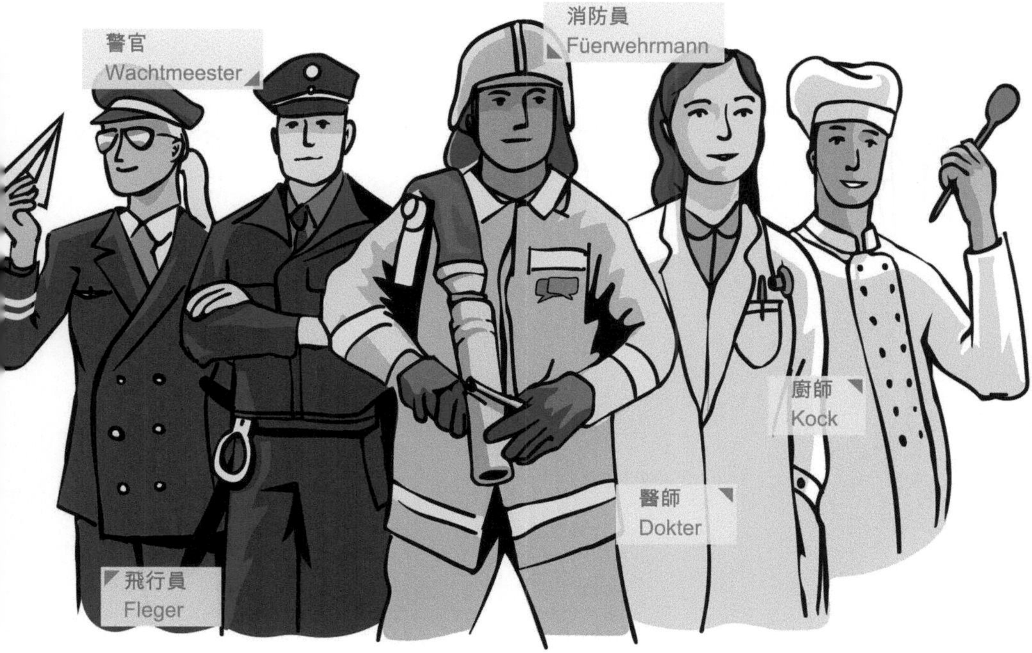
警官
Wachtmeester
消防員
Füerwehrmann
廚師
Kock
醫師
Dokter
飛行員
Fleger

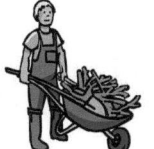

園丁

Goorner

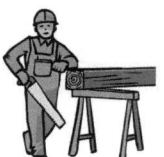

木匠

Discher

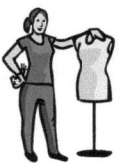

裁縫

Neihersche

法官

Richter

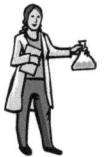

化學家

Chemiker

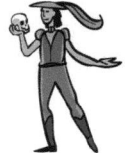

演員

Schauspeler

公車司機

Busfohrer

計程車司機

Taxifohrer

漁夫

Fischer

清洗女工

Reinmaakfru

屋頂工

Dackdecker

服務生

Kellner

獵人

Jäger

畫家

Maler

麵包師

Bäcker

電工

Elektriker

建築工人

Buarbeider

工程師

Ingenieur

屠夫

Slachter

水管工

Klempner

郵差

Postbüdel

士兵
Suldat

建築師
Architekt

收銀員
Kasserer

花農
Florist

理髮師
Putzbüdel

售票員
Schaffner

機械技師
Mechaniker

船長
Kaptein

牙醫
Tähndokter

科學家
Wetenschopler

拉比
Rabbi

伊瑪目
Imam

和尚
Mönk

牧師
Paap

工具
Warktüüch

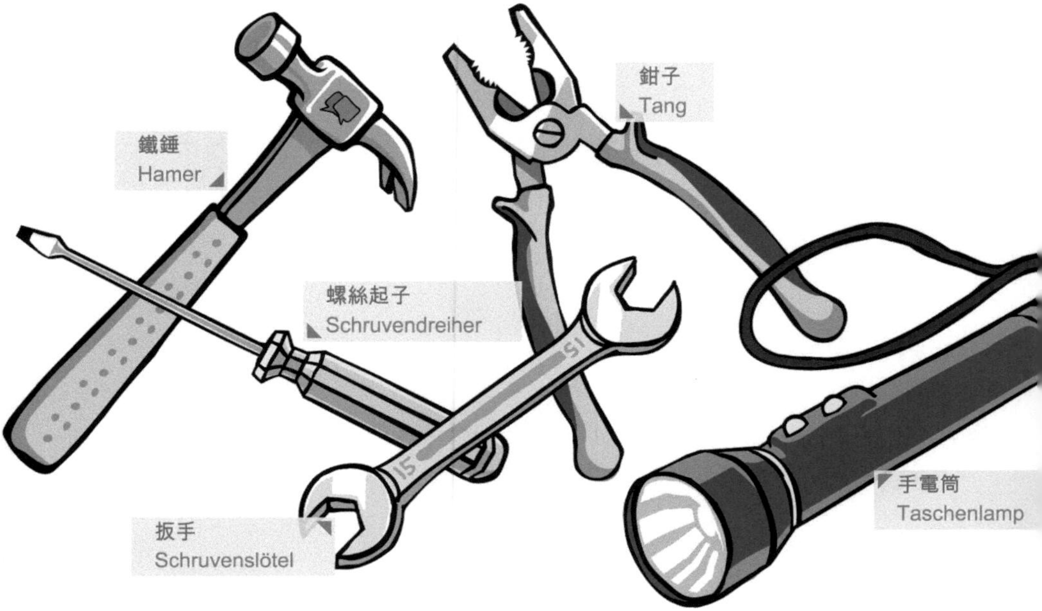
鐵錘
Hamer
鉗子
Tang
螺絲起子
Schruvendreiher
手電筒
Taschenlamp
扳手
Schruvenslötel

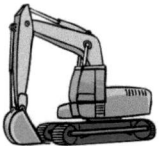

挖掘機

Grieper

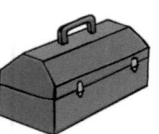

工具箱

Warktüüchkassen

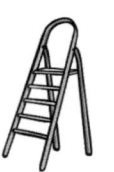

梯子

Ledder

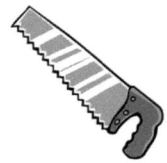

鋸子

Saag

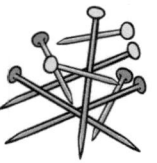

釘子

Nagels

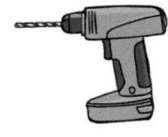

鑽機

Bohrer

修
heelmaken

鏟子
Schüffel

糟糕！
Schiet!

畚箕
Kehrblick

油漆桶
Farvpott

螺絲
Schruven

樂器
Musikinstrumenten

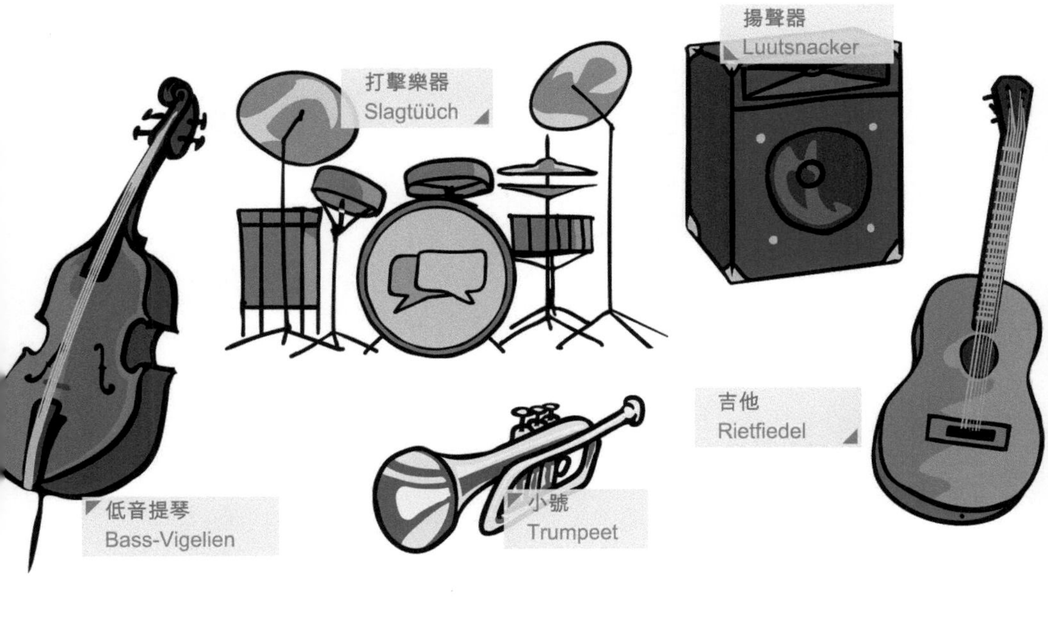

打擊樂器
Slagtüüch

揚聲器
Luutsnacker

吉他
Rietfiedel

低音提琴
Bass-Vigelien

小號
Trumpeet

鋼琴
Klaveer

小提琴
Vigelien

貝斯
Bass

定音鼓
Pauk

鼓
Trummeln

電子琴
Keyboard

薩克斯風
Saxophon

長笛
Fleut

麥克風
Mikrofoon

動物園

Deertenpark

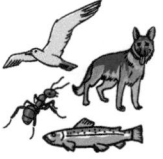

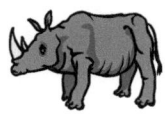

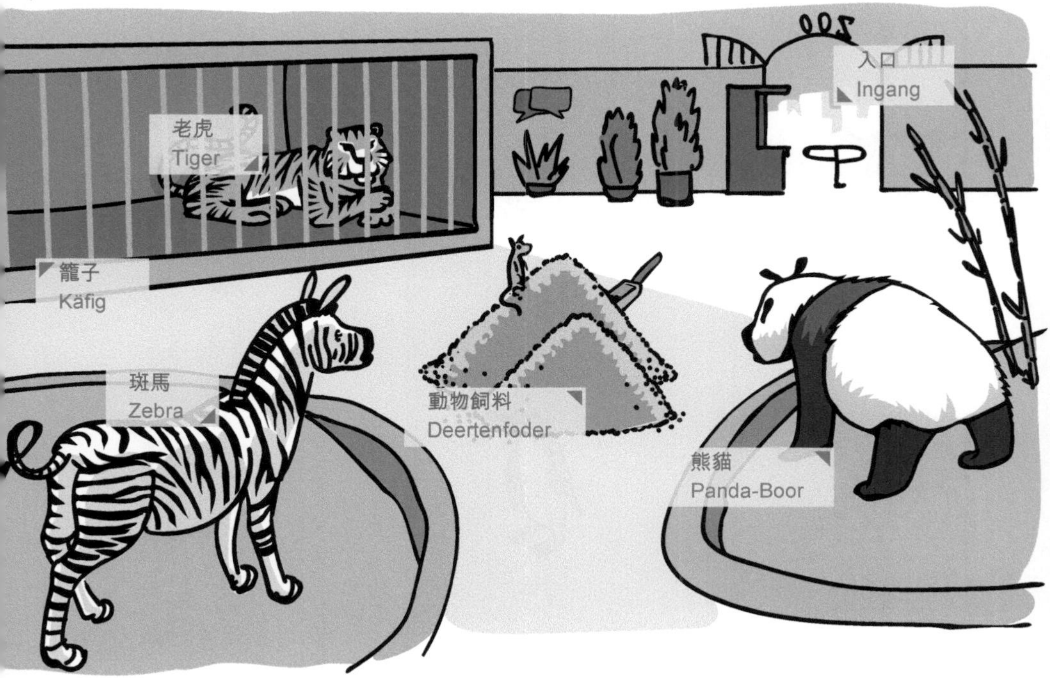

老虎
Tiger
入口
Ingang
籠子
Käfig
斑馬
Zebra
動物飼料
Deertenfoder
熊貓
Panda-Boor

動物

Deerten

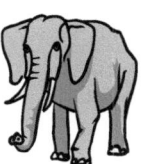

大象

Elefant

袋鼠

Känguru

犀牛

Neeshoorn

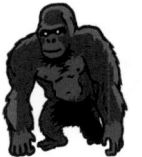

大猩猩

Gorilla

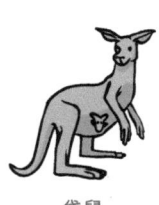

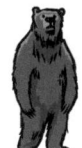

熊

Boor

駱駝
Kameel

鴕鳥
Struuß

獅子
Lööv

猴子
Aap

紅鶴
Flamingo

鸚鵡
Papagoi

北極熊
Iesboor

企鵝
Pinguin

鯊魚
Haifisch

孔雀
Pageluun

蛇
Slang

鱷魚
Krokodil

動物園管理員
Oppasser in'n Deertenpark

海豹
Saalhund

美洲豹
Jaguor

矮種馬

Pony

豹

Leopard

河馬

Nilpeerd

長頸鹿

Giraff

老鷹

Aadler

野豬

Wildswien

魚

Fisch

龜

Schildkrööt

海象

Walross

狐狸

Voss

羚羊

Gazell

橋欖球
Amerikaansch Football

騎腳踏車
Radfohren

網球
Tennis

籃球
Korfball

游泳
Swümmen

拳擊
Boxen

冰球
Ieshockey

美式足球
Football

羽毛球
Fedderball

田徑
Leichtathletik

手球
Handball

滑雪
Skilopen

馬球
Polo

笑
lachen

跳
springen

擁抱
ümarmen

走路
gahn

唱
singen

做夢
drömen

祈禱
beden

親吻
snuteln

書寫
schrieven

畫
teken

展示
wiesen

推
drücken

給
geven

拿
nehmen

有
hebben

做
doon

當
sien

站
stahn

跑
lopen

拉
trecken

丟
smieten

摔倒
fallen

躺
liggen

等待
töven

攜帶
dregen

坐
sitten

穿衣
antrecken

睡覺
slapen

醒來
opwaken

看
ankieken

哭
wenen

擊
eien

梳頭
kämmen

交談
snacken

明白
verstahn

問
fragen

聽
hören

喝
drinken

吃
eten

清理
oprümen

愛
leefhebben

做飯
kaken

開車
fohren

飛
flegen

航行

segeln

計算

reken

讀

lesen

學習

lehren

工作

arbeiden

結婚

de Plünnen tohoopsmieten

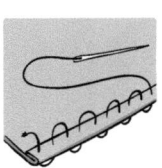

縫

neihen

刷牙

Tähnen putzen

殺

dootmaken

抽菸

smöken

寄

schicken

祖母
Grootmoder

嬰兒
Winnelkind

母親
Moder

祖父
Grootvadder

父親
Vadder

女兒
Dochter

兒子
Söhn

客人

Gast

阿姨

Tant

叔叔

Unkel

兄弟

Broder

姐妹

Süster

前額
Vörkopp

眼睛
Oog

肩膀
Schuller

手指
Finger

臉
Gesicht

下巴
Kinn

手
Hand

乳房
Bost

腿
Been

手臂
Arm

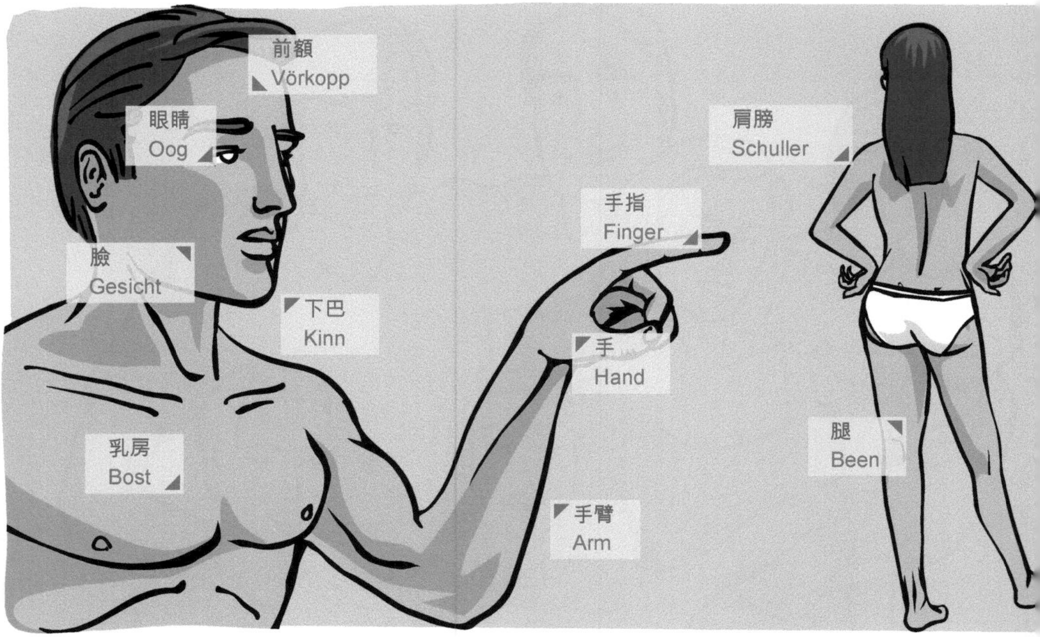

嬰兒

Winnelkind

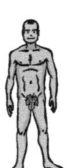

男人

Mann

女人

Fro

女孩

Deern

男孩

Jung

頭

Arm

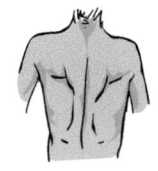

背部
Rüch

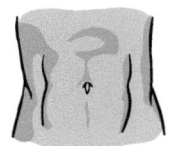

肚子
Buuk

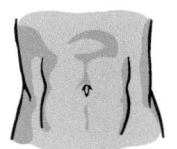

肚臍
Navel

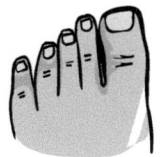

腳趾
Teh

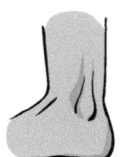

腳後跟
Hack

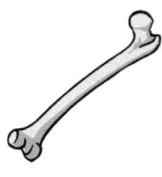

骨頭
Knaken

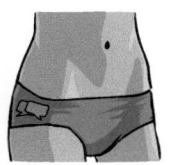

臀部
Hüft

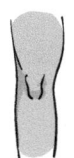

膝蓋
Knee

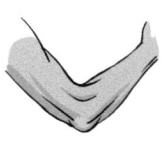

手肘
Ellbagen

鼻子
Nees

屁股
Achtersen

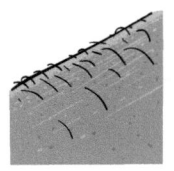

皮膚
Huut

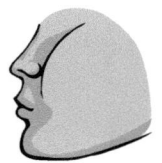

臉頰
Back

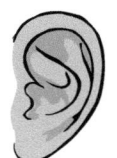

耳朵
Ohr

嘴唇
Lipp

嘴

Mund

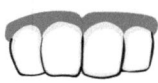

牙齒

Tähn

舌頭

Tung

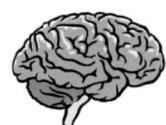

腦

Bregen

心臟

Hart

肌肉

Muskel

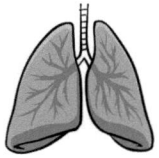

肺

Lung

肝臟

Lever

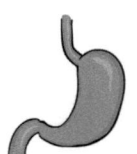

胃

Maag

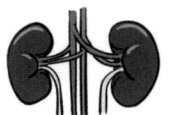

腎臟

Neren

性交

Bislaap

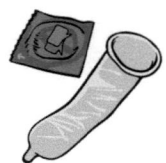

保險套

Kondoom

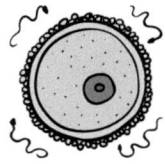

卵子

Eizell

精子

Sperma

懷孕

Anner Ümstänn

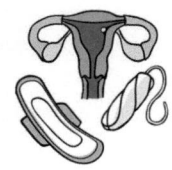

月事

Menstruatschoon

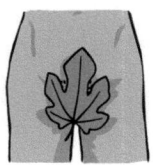

陰道

Scheed

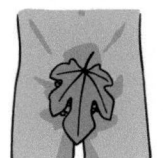

陰莖

Pint

眉毛

Ogenbroe

頭髮

Hoor

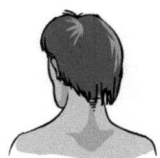

脖子

Hals

醫院
Krankenhuus

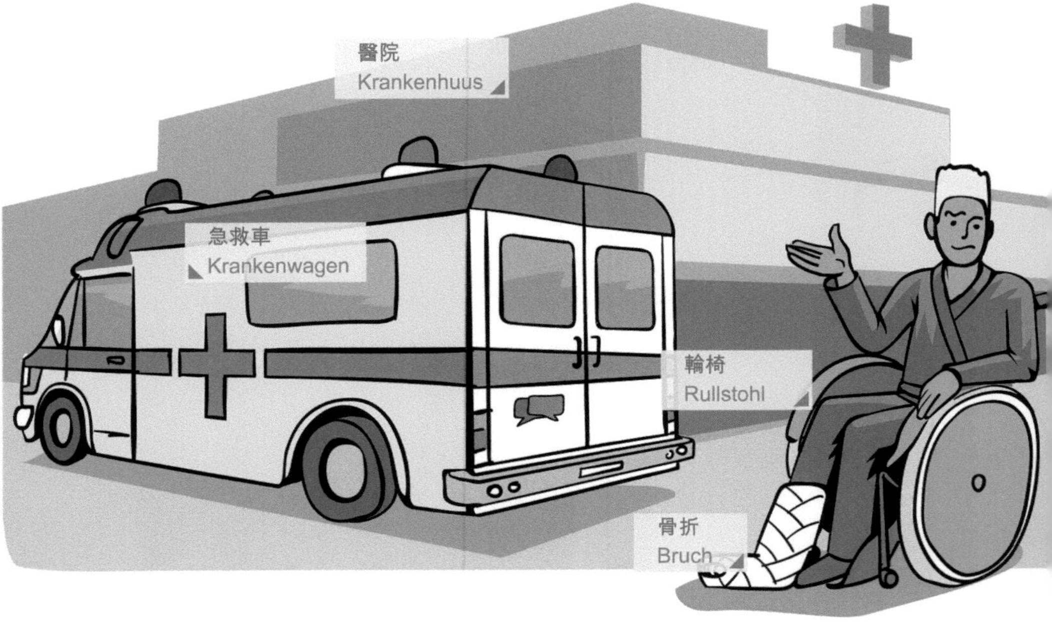

醫院
Krankenhuus
急救車
Krankenwagen
輪椅
Rullstohl
骨折
Bruch

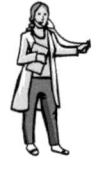

醫師

Dokter

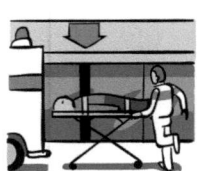

急診室

Nootopnahm

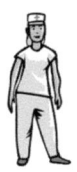

護理師

Krankensüster

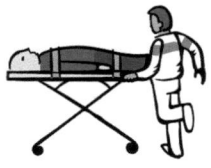

緊急情形

Nootfall

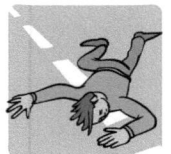

昏迷

ahnmächtig

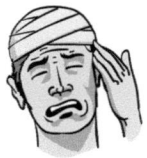

痛

Wehdaag

受傷
Verwunnen

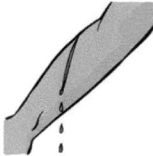

出血
Blöden

心臟病發作
Hartinfarkt

中風
Slaganfall

過敏
Allergie

咳嗽
Hoosten

發燒
Fever

流感
Gripp

腹瀉
Dörchfall

頭痛
Koppwehdaag

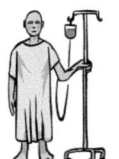

癌症
Kreeft

糖尿病
Zuckersüük

外科醫師
Chirurg

手術刀
Chirurgsch Mess

手術
Operatschoon

電腦斷層掃描
CT

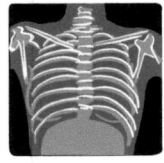

X光
Dörchlüchten

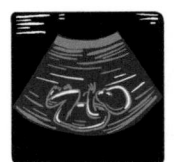

超音波
Ultraschall

口罩
Mask

疾病
Krankheit

候診室
Töövruum

拐杖
Krück

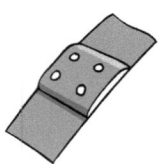

石膏
Plaaster

繃帶
Verband

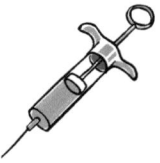

注射
Insprütten

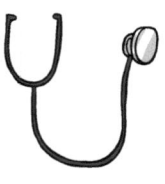

聽診器
Stethoskop

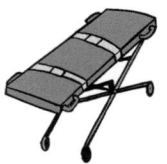

擔架
Draag

體溫計
Feverthermometer

出生
Geboort

超重
Övergewicht

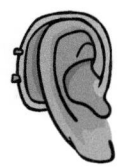

助聽器

Höörapparat

消毒液

Kiemfriemiddel

感染

Ansteken

病毒

Virus

愛滋病

HIV / AIDS

藥物

Heelmiddel

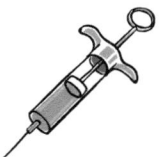

接種疫苗

Impen

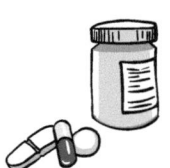

藥片

Tabletten

藥丸

Pill

急救電話

Nootroop

血壓計

Blootdruck-Meter

生病/健康

krank / gesund

救命！
Hölp!

警報
Alarm

突擊
Överfall

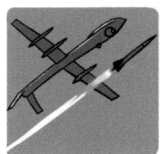

攻擊
Angreep

危險
Gefohr

緊急出口
Nootutgang

失火了！
Füer!

滅火器
Füerlöscher

意外
Unfall

急救箱
Noothölpkoffer

呼救訊號
SOS

員警
Polizei

歐洲

Europa

北美洲

Noordamerika

南美洲

Süüdamerika

非洲

Afrika

亞洲

Asien

澳洲

Australien

大西洋

Atlantik

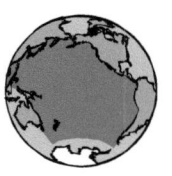

太平洋

Pazifik

印度洋

Indisch Weltmeer

南冰洋

Antarktisch Weltmeer

北冰洋

Arktisch Weltmeer

北極

Noordpol

南極
Süüdpol

南極洲
Antarktis

地球
Eerd

陸地
Land

海
See

島
Eiland

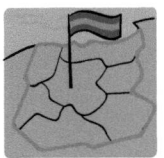

國家
Natschoon

州
Staat

錶盤
....
Tallenblatt

時針
....
Stunnenwieser

分針
....
Minutenwieser

秒針
....
Sekunnenwieser

現在幾點？
....
Wo laat is dat?

天
....
Dag

時間
....
Tiet

現在
....
nu

電子錶
....
digetaalsch Klock

分
....
Minuut

時
....
Stunn

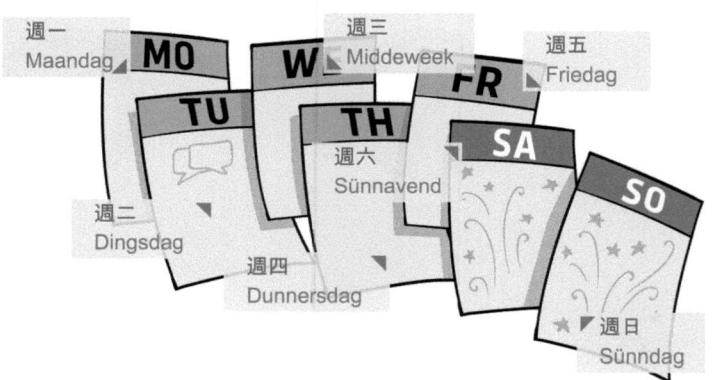

週一　Maandag
週二　Dingsdag
週三　Middeweek
週四　Dunnersdag
週五　Friedag
週六　Sünnavend
週日　Sünndag

昨天

güstern

今天

hüüt

明天

morgen

早晨

Morgen

中午

Meddag

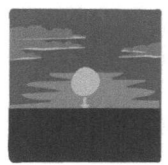

晚上

Avend

工作日

Arbeitsdaag

週末

Wekenenn

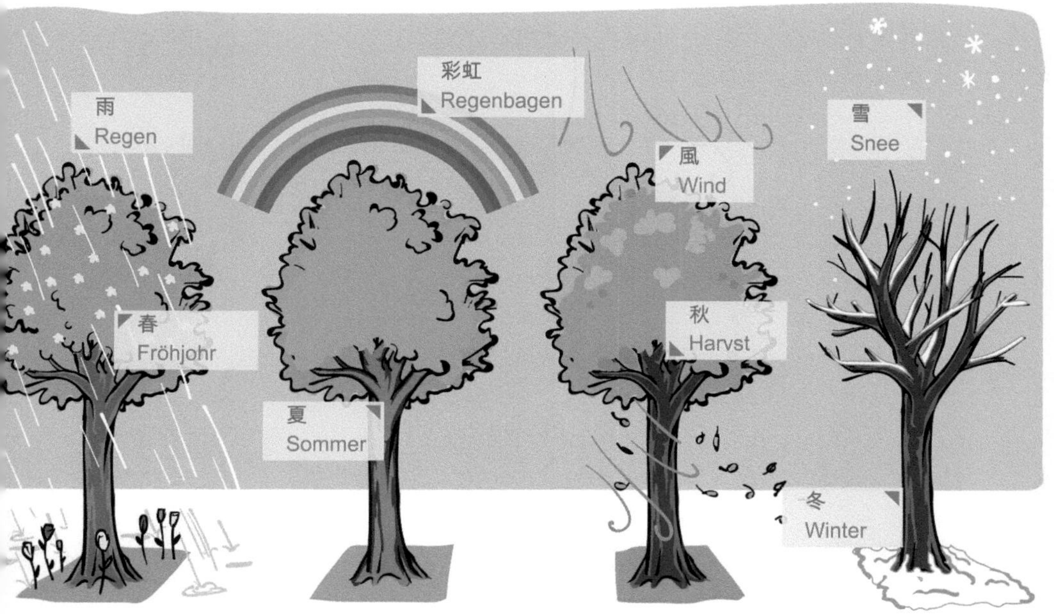

雨
Regen

彩虹
Regenbagen

風
Wind

雪
Snee

春
Fröhjohr

夏
Sommer

秋
Harvst

冬
Winter

天氣預告

Wedervörhersaag

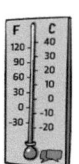

溫度計

Thermometer

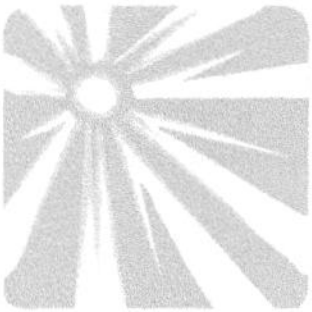

陽光

Sünnenschien

雲

Wulk

霧

Nevel

潮濕

Luftfuchtigkeit

閃電

Blitz

打雷

Dunner

風暴

Storm

冰雹

Hagel

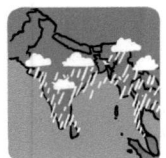

季風

Monsun

洪水

Floot

冰

Ies

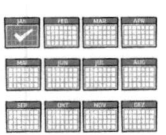

一月

Januormaand

二月

Februormaand

三月

Martmaand

四月

Aprilmaand

五月

Maimaand

六月

Junimaand

七月

Julimaand

八月

Augustmaand

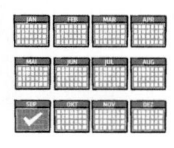

九月

Septembermaand

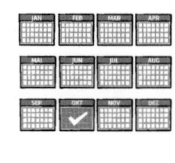

十月

Oktobermaand

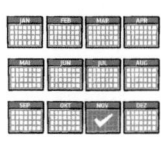

十一月

Novembermaand

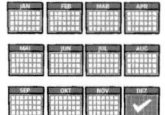

十二月

Dezembermaand

形狀
Formen

圖形

Krink

正方形

Quadrat

長方形

Rechteck

三角形

Dreeeck

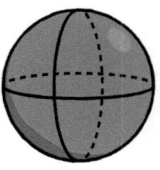

球體

Kugel

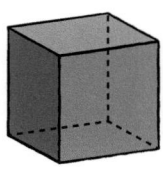

立方體

Wörpel

白
witt

黃
geel

橙
orangsch

粉
pink

紅
root

紫
lila

藍
blau

綠
gröön

棕
bruun

灰
gries

黑
swart

很多/少許

veel / wenig

生氣/平靜

böös / verdreeglich

美/醜

smuck / mies

首/尾

Begünn / Enn

大/小

groot / lütt

明/暗

hell / düüster

兄弟/姐妹

Broder / Süster

乾淨/骯髒

schier / schietig

完整/缺失

kumpleet / nich kumpleet

白天/晚上

Dag / Nacht

死/生

doot / lebennig

寬/窄

breet / small

可食用/非食用

geneetbor / nich geneetbor

邪惡/善良

böös / fründlich

興奮/無聊

fickerig / langwielt

胖/瘦

dick / dünn

第一/最後

toeerst / toletzt

朋友/敵人

Fründ / Fiend

滿/空

vull / leddig

硬/軟

hart / week

重/輕

swoor / licht

餓/渴

Smacht / Döst

生病/健康

krank / gesund

非法/合法

nich na't Recht / na't Recht

聰明/愚笨

klook / dummerhaftig

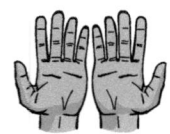

左/右

linkerhand / rechterhand

近/遠

neeg / feern

新/舊

nieg / bruukt

沒有/有些

nix / wat

老/幼

oolt / jung

開/關

an / ut

打開/闔上

apen / slaten

安靜/吵鬧

lies / luut

富/窮

riek / arm

對/錯

richtig / verkehrt

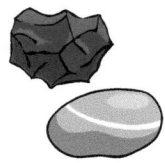

粗糙/光滑

ruug / glatt

傷心/高興

trurig / glücklich

短/長

kort / lang

慢/快

suutje / flink

濕/乾

natt / dröög

溫暖/涼爽

warm / köhl

戰爭/和平

Krieg / Freden

0

零
....
null

1

一
....
een

2

二
....
twee

3

三
....
dree

4

四
....
veer

5

五
....
fief

6

六
....
söss

7

七
....
söven

8

八
....
acht

9

九
....
negen

10

十
....
teihn

11

十一
....
ölven

12

十二
twölf

13

十三
dörteihn

14

十四
veerteihn

15

十五
föffteihn

16

十六
sössteihn

17

十七
söventeihn

18

十八
achtteihn

19

十九
negenteihn

20

二十
twintig

100

百
hunnert

1.000

千
dusend

1.000.000

百萬
million

英語
Engelsch

美式英語
Amerikaansch Engelsch

普通話
Chineesch Mandarin

印地語
Hindi

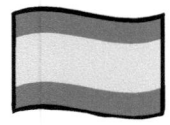

西班牙語
Spaansch

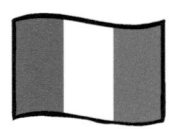

法語
Franzöösch

阿拉伯語
Araabsch

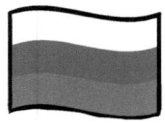

俄語
Rusch

葡萄牙語
Portugiesch

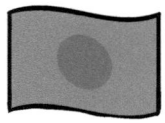

孟加拉語
Bengaalsch

德語
Düütsch

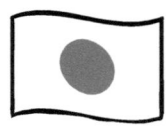

日語
Japaansch

我
ik

你
du

他/她/它
he / se / dat

我們
wi

你們
ji

他們
se

誰？
keen?

什麼？
wat?

如何？
woans?

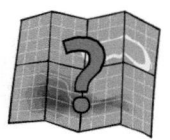

何處？
woneem?

何時？
wannehr?

名字
Naam

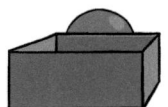

後面

achter

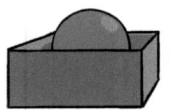

裡面

in

前面

vör

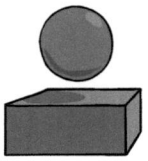

上方

över

上面

op

下麵

ünner

旁邊

blangen

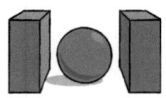

中間

twüschen

地點

Oort